51/52 n. Chr.	*Paulus wirkt anderthalb Jahre lang in Korinth.*
54 n. Chr.	*Claudius wird auf Veranlassung seiner Gattin Agrippina II. vergiftet, die ihren Sohn aus erster Ehe als Kaiser Nero auf den Thron bringt.*
58 n. Chr.	*Paulus in Jerusalem, danach zwei Jahre in der von Herodes gegründeten Hafenstadt Caesarea inhaftiert.*
62 n. Chr.	*Der Hohepriester Ananos läßt Jakobus, das Haupt der Urgemeinde, in Jerusalem steinigen.*
63 n. Chr.	*Paulus reist nach Spanien.*
64 n. Chr.	*Verfolgung der Christen in Rom durch Kaiser Nero.*
66 n. Chr.	*Beginn des Aufstandes der Juden gegen die Römer in Caesarea, der sich im ganzen Land ausbreitet und zu furchtbaren gegenseitigen Metzeleien führt.*
67 n. Chr.	*Ein römisches Heer unter Vespasian wird zur Niederwerfung des jüdischen Aufstandes eingesetzt.* *Petrus, Gründer und Haupt der ersten christlichen Gemeinde und erster Bischof von Rom, wird im Zirkus am Vatikan hingerichtet.* *Paulus wird vor Rom an der Straße nach Ostia hingerichtet.* *Linus wird zweiter Bischof von Rom.*
68 n. Chr.	*Absetzung und Selbstmord Neros, herbeigeführt durch aufständische Heerführer, die eigene »Soldatenkaiser« auf den Thron bringen.*
68 n. Chr.	*Übersiedlung der Urgemeinde von Jerusalem nach Pella östlich des Jordans, wo sie ihre Bedeutung verliert.*
69 n. Chr.	*Aufstand der germanischen Bataver im Gebiet zwischen Rhein und Maas sowie der Sallier gegen die Römer.*
70 n. Chr.	*Nach der Berufung Vespasians als Kaiser nach Rom erobert dessen Sohn Titus Jerusalem; der Tempel, religiöses und politisches Zentrum der Juden, wird zerstört.*
nach 70 n. Chr.	*Entstehung der ersten Evangelientexte, die, einschließlich der Apokalypse des Johannes, bis um das Jahr 100 abgeschlossen sind.*

9 n. Chr.	*Niederlage der Römer unter Varus in der Schlacht am Teutoburger Wald gegen von Arminius geführte germanische Streitkräfte.*
14 n. Chr.	*Kaiser Augustus stirbt in Nola, Tiberius wird sein Nachfolger.*
18 n. Chr.	*Joseph Kaiaphas wird Hohepriester in Jerusalem (bis 36).*
26 n. Chr.	*Pontius Pilatus wird römischer Prokurator von Judäa (bis 36).*
29 n. Chr.	*Beginn der Tätigkeit Johannes' des Täufers, bald darauf auch der Wirksamkeit Jesu, zunächst in Galiläa.*
um 30 n. Chr.	*Jesus zieht mit seinen Jüngern nach Jerusalem und wird dort gekreuzigt, wenige Wochen danach, am Pfingstfest, Gründung der ersten christlichen Gemeinde, der Urgemeinde, in Jerusalem. In den folgenden Jahren Bekehrungstätigkeit der Jünger, vor allem des Petrus, Jakobus und Johannes. Petrus bekehrt Saulus von Tarsus, der sich fortan den Namen Paulus zulegt, zur Lehre Jesu.*
37 n. Chr.	*Kaiser Tiberius stirbt, sein Nachfolger wird Caligula. Ende der Regierungszeit des Herodes Antipas. Seine Frau Herodias hat die Ermordung Johannes des Täufers veranlaßt, er selbst stirbt in der Verbannung in Gallien.*
41 n. Chr.	*Prätorianeroffiziere ermorden Caligula und erheben Claudius zum Kaiser.* *Herodes Agrippa I., ein in Rom erzogener Bruder der Herodias, wird von Claudius zum König von Judäa gemacht. Unter ihm geschehen die ersten Verfolgungen der Urgemeinde in Jerusalem.*
um 43 n. Chr.	*Petrus wird in Jerusalem von Herodes Agrippa I. zum Tode verurteilt, jedoch aus dem Gefängnis befreit.*
44 n. Chr.	*Britannien wird römische Provinz.*
45 n. Chr.	*Beginn der ersten Missionsreise des Paulus nach Zypern. In den folgenden Jahren besucht er die Küstenstädte Kleinasiens, Saloniki, Athen und entfaltet eine rege Missionstätigkeit unter den dort ansässigen Juden.*
48 n. Chr.	*Apostelkonzil in Jerusalem unter dem Vorsitz von Petrus, Jakobus und Johannes.*

37 v. Chr.	*Antonius bestimmt den Nichtjuden Herodes von Idumäa zum König der Juden. Er regiert nach der Eroberung der Stadt durch die Römer in Jerusalem als Herodes I. unter römischer Oberhoheit und beschränkt die Macht des Hohepriesters.*
34 v. Chr.	*Antonius heiratet Kleopatra und residiert mit ihr in Alexandria.*
31 v. Chr.	*Octavian besiegt Antonius, der zusammen mit Kleopatra Selbstmord begeht. Ägypten wird römische Provinz.*
27 v. Chr.	*Octavian ist faktisch Alleinherrscher des römischen Weltreiches und erhält den Beinamen Augustus.*
15 v. Chr.	*Die Stiefsöhne des Augustus, Tiberius und Drusus, unterwerfen Teile der heutigen Ostschweiz, Tirols und Süddeutschlands, aus denen die Provinz Rätien mit der Hauptstadt Augsburg gebildet wird.*
9 v. Chr.	*Drusus stirbt auf dem Feldzug durch Germanien, der bis zur Elbe führt.*
6 v. Chr.	*Tiberius errichtet die Provinz Germanien mit der Hauptstadt Köln, als Ostgrenze wird die Elbe angestrebt.*
4 v. Chr.	*Herodes I. stirbt, sein Reich wird aufgeteilt an seine beiden Söhne: Archelaos erhält Judäa, Samaria und Idumäa, Herodes Antipas dagegen Galiläa und das ostjordanische Peräa.*
um 0	*Geburt Jesu. Da die Evangelienberichte von der Geburt auf Legenden beruhen, ist aus den in ihnen erwähnten historisch nachweisbaren Fakten (Tod des Herodes 4 v. Chr., »Schätzung« auf Gebot des Kaisers Augustus 6 n. Chr.) kein genauer Anhalt zu gewinnen. Unsere heutige Zeitrechnung »Nach Christi Geburt« wurde erst im Jahre 525 eingeführt.*
6 n. Chr.	*Archelaos wird als Herrscher über Judäa, Samaria und Idumäa abgesetzt und nach Gallien verbannt, sein Land einem römischen Prokurator unterstellt. »Schätzung«, das heißt Volkszählung, auf Anordnung von Augustus.*

75 v. Chr.	*Nach Kriegsdienst auf den Ionischen Inseln und an der Zypern gegenüberliegenden kleinasiatischen Küste, studiert der fünfundzwanzigjährige Römer Julius Cäsar auf der Insel Rhodos.*
67 v. Chr.	*Der römische Feldherr Pompejus erhält den Oberbefehl über das ganze Mittelmeer und seine Küsten.*
63 v. Chr.	*Vorderasien wird dem von Pompejus siegreich geführten 3. Mithadratischen Krieg in drei neue römische Provinzen eingeteilt, das jüdische Palästina in die Provinz Syrien eingegliedert, der in Jerusalem residierende Hohepriester Hyrkanus wird Vasallenfürst Roms.*
60 v. Chr.	*Triumvirat von Pompejus, Cäsar und Crassus übernimmt die Macht in Rom.*
58 v. Chr.	*Cäsar beginnt die römische Eroberung des keltischen Gallien.*
56 v. Chr.	*Crassus wird Konsul und erhält Syrien.*
55 v. Chr.	*Cäsar treibt die germanischen Stämme der Usipeter und Tencterer nach Osten über den Rhein zurück und setzt im gleichen Jahr nach Britannien über.*
51 v. Chr.	*Das eroberte Gallien zwischen Atlantik, Ärmelkanal und Rhein wird römische Provinz.* *Beginn der Regierung Kleopatras in Ägypten.*
48 v. Chr.	*Sieg Cäsars im römischen Bürgerkrieg über Pompejus bei Pharsalus in Griechenland. Pompejus flieht nach Ägypten und wird dort ermordet. Kleopatra empfängt Cäsar in Alexandria.*
45 v. Chr.	*Cäsar ist Diktator, Imperator und Pontifex Maximus des römischen Weltreiches.*
44 v. Chr.	*Cäsar in Rom ermordet; Cassius, einer seiner Mörder, übernimmt die Provinz Syrien.*
43 v. Chr.	*Antonius beginnt mit Cäsars Großneffen und Erben Octavian den Kampf gegen die Cäsarmörder Cassius und Brutus, die in Mazedonien und Syrien starke Heere ausgerüstet haben.*
42 v. Chr.	*Antonius schlägt Cassius und Brutus bei Philippi, brandschatzt Syrien und zieht mit Kleopatra nach Ägypten.*

Das Zeitalter Jesu
in historischen Daten

Und es geschah, daß er sie segnete
und von ihnen schied und
auffuhr gen Himmel –

Sie aber beteten ihn an
und kehrten wieder gen Jerusalem,
wie er ihnen geheißen hatte:
Bis sie angetan würden
mit Kraft aus der Höhe.

Hast du mich wirklich
lieb, Simon Petrus? –
Herr, du weißt doch,
daß ich dich liebe. –

Aber Jesus will es
dreimal hören von Petrus,
auch wenn es diesen
traurig macht
(*Dreimal* krähte
auch der Hahn.)

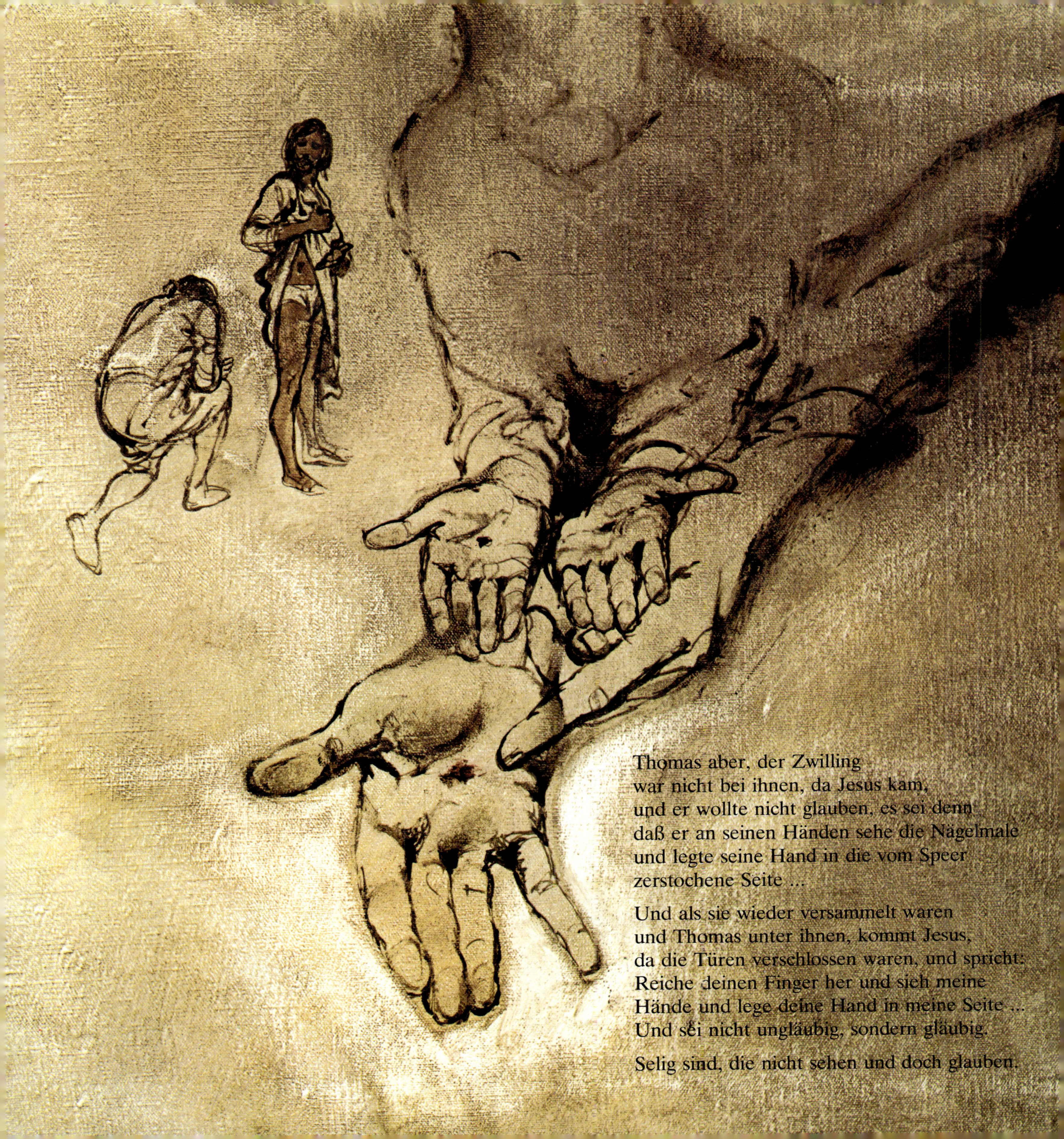

Thomas aber, der Zwilling
war nicht bei ihnen, da Jesus kam,
und er wollte nicht glauben, es sei denn
daß er an seinen Händen sehe die Nägelmale
und legte seine Hand in die vom Speer
zerstochene Seite ...

Und als sie wieder versammelt waren
und Thomas unter ihnen, kommt Jesus,
da die Türen verschlossen waren, und spricht:
Reiche deinen Finger her und sieh meine
Hände und lege deine Hand in meine Seite ...
Und sei nicht ungläubig, sondern gläubig.

Selig sind, die nicht sehen und doch glauben.

Sie waren versammelt hinter verschlossener Tür
aus Furcht vor den Juden, – da kam er und trat
zu ihnen:

Friede sei mit euch!

Und er zeigte ihnen
die zermarterten Hände und seine Seite.

Da wurden die Jünger froh. Und er sprach abermals:
Der Friede sei mit euch. Gleich wie der Vater
mich gesandt hat, so sende ich euch.

Er lebt! Er lebt!
Sie ist loderndes Feuer.
Ein Lauffeuer,
das allen verkündet:
Ich habe den Herrn gesehen!

Es ist *Ostern*.

Sie haben meinen Herrn weggenommen,
und ich weiß nicht, wohin sie ihn gelegt haben.

Und als sie dies sagte, wandte sie sich um
und sah Jesum stehen und erkannte ihn nicht.
Sie meinte, es sei der Gärtner.

Da sagt er ihren Namen: Maria Magdalena ...

Das Grab ist leer,
der Stein beiseite gewälzt.
Warum sind die Wächter geflohen?
Vor dem Erdbeben? Vor dem Engel des Herrn?

Er wollte auferstehen nach drei Tagen ...

Man muß den Kriegsknechten Geld geben,
auf daß sie sagen: Seine Jünger kamen
bei Nacht und stahlen den Leichnam,
dieweil wir schliefen.
Dürfen Soldaten auf Wache schlafen?

Wozu bewachen Soldaten einen Toten?
Warum gab Pilatus so sinnlosen Befehl?
Diese Wache ödet sie an. Einmal muß doch
der Zirkus um diesen seltsamen Heiligen
ein Ende nehmen ...

Am Abend aber kam ein reicher Mann, Josef von Arimathia, ein Jünger Jesu, und erbat sich von Pilatus den Leib Jesu. Und Pilatus befahl, man solle ihm den Leichnam geben.

Und sie nahmen den Leib vom Kreuz und wickelten ihn in eine reine Leinwand, und Josef von Arimathia legte ihn in sein eigenes neues Grab, welches er hatte lassen in einen Fels hauen, und wälzte einen großen Stein davor ...

Von der sechsten Stunde an
ward eine Finsternis über das
ganze Land bis zur neunten Stunde.
Und die Erde erbebte, und die Felsen
zerrissen, und Gräber
taten sich auf ...

Er hat Glück gehabt und den
nahtlosen Rock von ihm gewonnen.

Da habt ihr ihn, den Sohn Gottes!
Andern hat er geholfen, sich selbst
kann er nicht helfen.

Steige herab, Wundertäter!

Vater vergib ihnen – sie wissen nicht,
was sie tun ...

IESVSNAZARENVSREX IVDAEORVM
ΙΗΣΟΥΣ Ο ΝΑΖΩΡΑΙΟΣ Ο
ΒΑΣΙΛΕΥΣ ΤΩΝ ΙΟΥΔΑΙΩΝ

Ich?! Ich soll sein Kreuz tragen?!

Wenn sie nur nicht so schrieen!
Warum schreien sie so ...? Wenn ich helfe,
helfe ich um seinetwillen. Der Arme ...
Er kann nicht mehr. Also gut ...

So wurde der Landmann Simon aus Kyrene
ein Kreuzträger Jesu.

Sie trieben es mitleidlos mit ihm,
entkleideten ihn, schlugen ihn,
verhöhnten ihn, spuckten ihn an.
Und am Ende krönten sie ihn mit
einer Dornenkrone.
Heil dir, König der Juden,
endlich gekrönt!

In der Gewalt der römischen Landsknechte im Richthaus.
Umkleidet von Purpur und Spott.
Welch ein Spaß!

Ans Kreuz mit Jesus!
Ans Kreuz mit ihm!
Sein Blut komme über uns
und unsere Kinder!

Da ließ er Jesum geißeln und überantwortete ihn, daß er gekreuzigt würde.

Stimme des Volkes
Stimme des Pöbels.
Hinweg mit ihm!

Und da er auf dem Richtstuhl saß,
schickte sein Weib zu ihm und ließ sagen:
Habe du nichts zu schaffen mit diesem Gerechten!
Ich habe heut viel erlitten im Traume
von seinetwegen.
Was Frauen so träumen ...

Gib uns den Barrabas frei!

Da gereute es ihn und er brachte
die dreißig Silberlinge den
Ältesten zurück und sprach:
Ich habe unschuldiges Blut verraten.
Sie sagten: Was geht das uns an ...
Es ist Blutgeld.
Und er warf die dreißig Silberlinge in den Tempel.

Und erhängte sich.

Ich kenne dich doch ...? Bist du nicht
auch einer von diesen ...?

Ich?! Aber nein, nein, nein!
Ich weiß nicht, was du von mir willst.
Ich kenne diesen Menschen nicht.
Ich habe nichts zu schaffen mit ihm.

Ich – – – Zum dritten Mal – der Hahn!

Tröster
Helfer
Heiler
Freund
Wegweiser
Führer
Meister
Bruder

Um aufzuerstehen,
muß er sterben.

Da zerriß der Hohepriester Kaiphas
sein Gewand und rief pathetisch:
Er hat Gott gelästert. Was bedürfen wir
weiteres Zeugnis ... Ihr habt es gehört.

Er ist des Todes schuldig!

Zuletzt traten zwei Zeugen an und brachten die Sache mit dem Tempel, vor den er abbrechen und in drei Tagen wieder aufbauen wollte.

Aber – auch das gab nichts her.

Dann aber die Beschwörung: Daß du uns sagest, ob du seiest Christus, der Sohn Gottes.

Und Jesus antwortete: Du sagst es.

Die Stunde, auf die sie
lange gewartet haben,
Kaiphas und sein Rat.

Und sie suchten falsches Zeugnis
wider Jesum, auf daß sie ihn töteten,
und fanden keines.

Simon Petrus schlägt zu.
Der Feuerkopf ergreift das Schwert.
Es fällt: ein Ohr.
(Das Ohr des Malchus, der gehorchte.)
Zwölf Legionen Engel verharren ...
Es muß also geschehen.
Wie würde sonst die Schrift erfüllt?

Sie führen Jesum ab.

Welchen ich küssen werde,
der ist es, den greifet ...

Gegrüßet seist du, Rabbi!

Und er küßte den tödlichen Kuß.

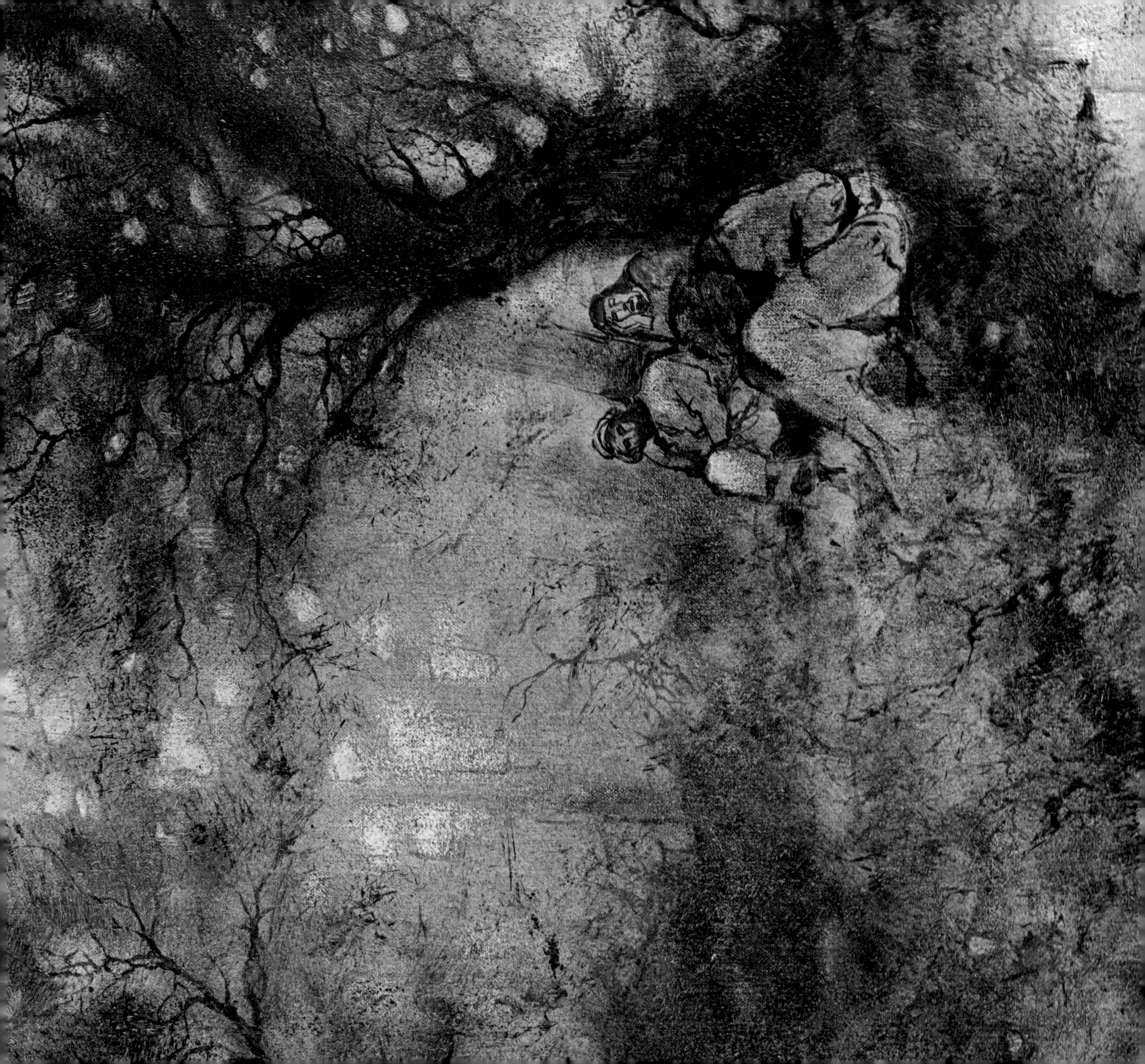

Und er ging mit dreien
in den Garten, der heißt
Gethsemane, in seiner Seele
betrübt bis an den Tod.

Bleibet hier, bat er,
und wachet mit mir ...

Oh, Nacht der Nächte!

Zum Vater schrie er:
Wenn es möglich sein soll,
so laß diesen Kelch ...

Ein Schweigen, grausiger
als Sturmes Toben ...

Er kam zurück. Sie schliefen.
Könnt ihr nicht ...!?

Und ging zum andernmal
und rief zum Vater.
Kam zurück. Sie schliefen.

Und ging zum dritten Mal
und betete dieselben Worte.

Sie aber schliefen.

Ehe der Hirt geschlagen und die Herde zerstreut war – am Fuße des Ölberges schon –, kündigte Jesus an, daß er ihnen allen Ärgernis geben werde, noch in dieser Nacht.

Wieder protestierte der Feuerkopf: Wenn alle sich am Meister ärgern würden, – er, Petrus, nimmermehr.

In dieser Nacht, ehe der Hahn kräht,
wirst du mich dreimal verleugnen ...
sprach Jesus.

Als er sich mit den Zwölfen zum Abendmahl setzte,
fiel das alle erschreckende, anklagende Wort:
Wahrlich, einer unter euch wird mich verraten.
Der die Hand mit mir in die Schüssel taucht,
der wird es sein.

Der gemeint war, fragte: Bin ich es, Rabbi?

Und erhielt die Antwort: Du sagst es.

Vorher hatte er von dem Verräter gesagt:
Es wäre besser, er wäre nie geboren.

Sein *Name* freilich wurde unsterblich.

Als seine Stunde nahe war,
wusch er seinen Jüngern die Füße.
Alle nahmen es an – nur Simon Petrus
rebellierte: Nimmermehr
sollst du mir die Füße waschen! –

Wasche ich dich nicht, so hast du kein Teil an mir! –
Herr, nicht die Füße allein, *auch* die Hände,
auch das Haupt!

Ein Feuerkopf braucht kalte Füße.

Im Hause des Lazarus – wieder bei Maria und Martha, die diente beim Abendmahl.

Da nahm Maria köstliche Salbe und salbte Jesu Füße, trocknete sie mit ihrem Haar – das ganze Haus duftete.

Der Geldfuchs Judas sprach von Verschwendung.

Laßt sie, sprach Jesus, Arme habt ihr immer. *Mich* habt ihr nicht allezeit.

Sie brachten ihm, als er im Tempel lehrte,
eine Ehebrecherin, auf frischer Tat ertappt,
um ihn zu versuchen. Was sagst du, fragten sie:
das Gesetz Mose befielt, sie zu steinigen ...?

Er sah ihre hochmütigen und schadenfrohen Mienen.

Wer ohne Sünde ist unter euch,
der werfe den ersten Stein auf sie! sagte er.

Da gingen sie, eine und einer, nacheinander davon
und ließen ihn allein mit der Frau.

Wo sind deine Verkläger? fragte er lächelnd.

So verdamme auch ich dich nicht.
Geh deines Weges und sündige nicht mehr!

Er lehrte im Tempel und sah,
wie die Reichen ihre Opfer einwarfen.
Aber er sah auch eine arme Witwe, wie sie
zwei Scherflein einlegte, und sagte:

Wahrlich, diese arme Witwe gab mehr denn alle.

Sie gab alles.

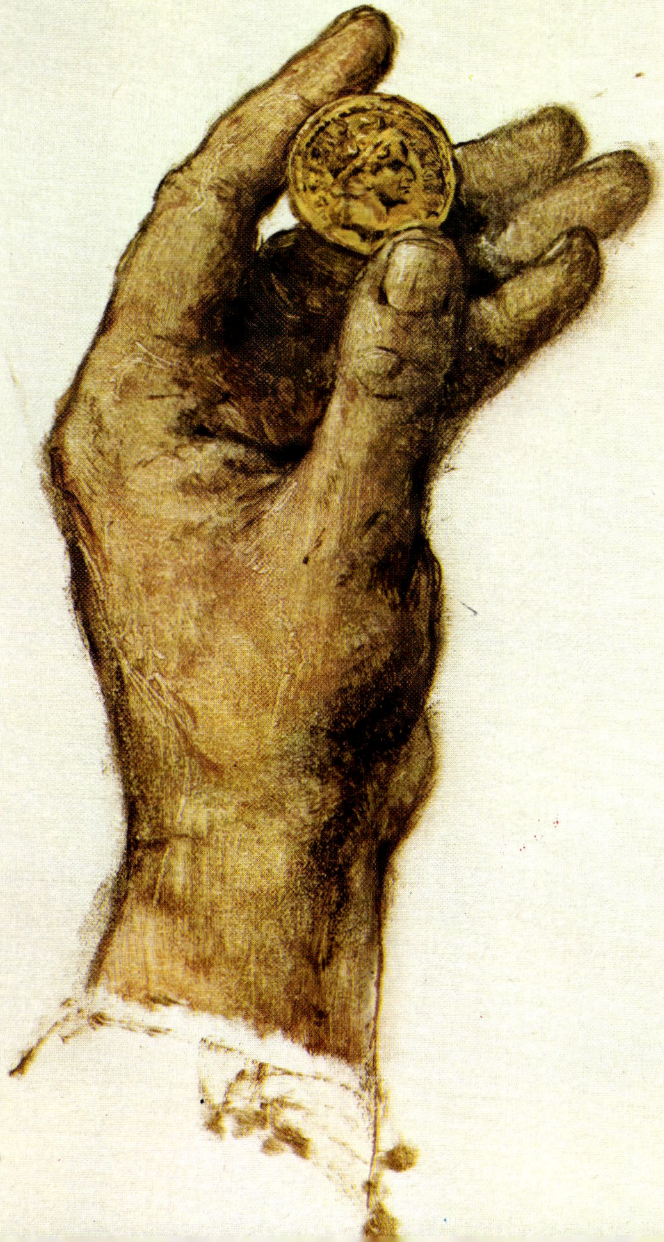

Die Pharisäer suchten, wie sie ihn fingen,
und schickten ihm Boten und Diener des
Herodes, die ihn fragen sollten: ob man
dem Kaiser Zins gebe oder nicht.

Ihr Heuchler, sprach er,
warum versuchet ihr mich?
Gebt mir eine Zinsmünze!

Und sie taten es.

Wessen Bild und Überschrift ist dies?

Sie sagten: des Kaisers!

Da sprach er zu ihnen:
So gebt dem Kaiser,
was des Kaisers ist,
und Gott, was Gott gebührt.

Betreten zogen sie ab.

Auf der Reise nach Galiläa kam er in
die Stadt Sichar, wo er am Brunnen
eine Frau traf, die er um einen Trunk bat.
Sie zögerte: er sei Jude, sie samaritisch.

Wenn du wüßtest – sprach er – wer der ist,
der dich um einen Trunk bittet,
bätest *du* ihn, und er gäbe *dir* lebendiges Wasser.
Und wer *davon* trinkt, wird nie mehr dürsten.

Spricht das Weib: Herr: gib mir dies Wasser! –

Rufe deinen Mann und komm wieder mit ihm! –

Ich habe keinen. –

Du hast recht gesagt. Du hattest fünf Männer,
und den du nun hast, der ist nicht dein Mann.

Spricht sie: Ich sehe, du bist ein Prophet. Aber
ich weiß, daß ein Messias kommen wird, welcher
Christus heißt. Wenn *der* kommt, wird er
uns alles verkünden ...

Ich bin es, der mit dir redet.

Ein Pharisäer namens Nikodemus, kommt
bei Nacht. Ein Lichtscheuer?
Ein sehnsüchtiger Zweifler?

Ihr müßt von neuem geboren werden!
Laß dichs nicht wundern! –

Für und wider ...

Geburt und Wiedergeburt.

Wie mag das zugehen ...?

Und niemand fährt gen Himmel,
denn der vom Himmel hierniederkam.

Also hat Gott die Welt geliebt, daß er
seinen eingeborenen Sohn gab, auf daß alle,
die an ihn glauben, das ewige Leben haben ...

Auch Nikodemus,
der Wahrheit suchende
Pharisäer.

Er ist klein, dick, aber reich,
der Oberste der Zöllner: Zachäus.

Um besser zu sehen, aber selbst nicht
gesehen zu werden, sitzt er im Baum.

Doch Jesus sieht ihn dort, ruft ihn herab:
Ich muß heute einkehren in dein Haus.

Und Zachäus nahm ihn auf mit Freuden.

Sie murrten, daß er bei einem Sünder einkehrte.
Aber der Sünder hatte seine Stunde und sprach:
Herr, ich gebe die Hälfte meiner Güter den Armen,
und die ich betrog, will ich vierfach entschädigen.

Diesem Haus ist heute Heil geschehen,
verkündete Jesus lächelnd.

– – und was mußte er
im Hause seines Vaters
sehen?!

Sie hatten das Bethaus zur Wechselstube,
den Tempel zum Handelshaus gemacht ...

Da trieb er Käufer und Verkäufer
mit Peitschenhieben hinaus, stieß
die Stühle und Tische der Krämer um.

Zorn. Heiliger Zorn.

Das ist Jesus,
der Prophet von Nazareth in Galiläa.

Sanftmütig kommt er auf Eselsrücken
nach Jerusalem, und das Volk breitet
seine Kleider aus, bricht ihm Zweige
und ruft:
Hosianna dem Sohn Davids!
Gelobt sei, der da kommt im Namen
des Herrn! Hosianna!

Und er begab sich zum Tempel – – –

Weib, was habe ich mit dir zu schaffen ...
Meine Stunde ist noch nicht gekommen.

Er soll Wasser in Wein verwandeln,
hat seine Mutter gewünscht.

Hochzeit zu Kanaa. Der Wein geht aus.
Seine Stunde ist da!

Sie trinken seinen Wein.

Glückliche Hochzeiter.

Die alte Frage:
Martha sein oder – Maria?
Eine jede hat ihr Recht.

Wenn aber ein Gast kommt
wie dieser Jesus ...?

Er selber sagt: Martha, Martha,
du hast viel Sorge und Müh ...

Aber Maria hat das gute Teil erwählt.
Das soll ihr nicht genommen werden.

Sie ist eine einfältig liebende Mutter
und bittet für ihre Söhne,
daß sie sitzen dürfen in seinem Reich
zu seiner Linken und Rechten:
Jakobus und Johannes,
des Zebedäus Söhne.

Aber seine Ordnung
ist nicht die Ordnung dieser Welt.

Des Menschen Sohn ist nicht gekommen,
daß er sich dienen lasse, sondern
daß er diene und sein Leben gebe
zu einer Erlösung für viele.

Der Jüngling will das ewige Leben haben –
was tun dafür?
Die Gebote halten: nicht töten, nicht stehlen,
nicht ehebrechen, kein falsches Zeugnis geben ...

Von Jugend auf hat er die Gebote gehalten.
Was also noch?

Willst du vollkommen sein, verkaufe, was du hast,
und gib es den Armen; so wirst du
einen Schatz im Himmel haben. So
komm und folge mir nach!

Weil der Jüngling viele Güter besaß,
ging er betrübt davon.

Da aber Johannes im Gefängnis die Werke Christi hörte,
sandte er seiner Jünger zwei und ließ ihn fragen:
Bist du, der da kommen soll, oder sollen wir
eines anderen warten?
Und Jesus antwortete: Sagt dem Johannes, was ihr sehet und hört:
Die Blinden sehen, und die Lahmen gehen,
die Tauben hören, die Aussätzigen werden rein,
Tote stehen auf, und die Armen hören frohe Botschaft.
Selig ist, der sich nicht an mir ärgert.

Also spricht der
göttliche Kinderfreund:

Lasset die Kleinen
zu mir kommen
und wehret es ihnen nicht,
denn ihrer ist
das Himmelreich.

Und ich sage euch:
Ihre Engel sehen allezeit im Himmel
das Angesicht meines Vaters, und es ist
nicht sein Wille, daß jemand
von diesen Kleinen verloren werde.

Wenn ihr nicht umkehrt
und werdet wie dieses Kind,
so werdet ihr nicht eingehen
ins Himmelreich.

Wer aber sich selbst erniedrigt
wie dieses Kind,
der ist der Größte
im Himmelreich.

Wer solches Kind
aufnimmt in meinem Namen,
der nimmt *mich* auf.

Jesus
mit Petrus, Jakobus und Johannes
auf dem Weg zum Berg der Verklärung.

... und sein Angesicht leuchtete wie die Sonne,
und seine Kleider wurden weiß wie Licht.

Da erschienen ihnen Mose und Elia und redeten mit ihnen.
Laß uns drei Hütten bauen, Herr! schlug Petrus vor ...

Da tönte aus lichter Wolke eine Stimme:
Dieses ist mein liebster Sohn, an dem ich mein
Wohlgefallen habe. Den sollt ihr hören!

Jesus sprach ihnen von seinem Weg
nach Jerusalem, von Verfolgung und Leid,
von Tod und Auferstehung.

Da zürnte Petrus: Das soll dir nie
widerfahren, Herr. Schone dich!

Da aber zürnte Jesus: Du gibst Ärgernis!
Wer mir nachfolgt, nehme sein Kreuz auf sich.
Wer sein Leben erhalten will, wirds verlieren!
Was hülfe es dem Menschen, daß er
die ganze Welt gewönne, aber Schaden nähme
an seiner Seele!

Immer wollen sie ein Zeichen,
die Schriftgelehrten und Buchstabenklauber.
Er schilt sie Heuchler.

Sie prophezeien das Wetter
aus der Färbung des Himmels,
dem Zug der Wolken: es wird
ein schöner Tag – ein Gewitter
wird aufkommen.

Die Zeichen der Zeit
verstehen sie nicht.

Wollte er ihren Glauben auf die Probe stellen?
Sie verfolgte ihn und bat für die besessene
Tochter, die Frau aus Kanaan.

Er schwieg. Sie war kein Kind Israels.

Aber sie folgte ihm weiter, fiel nieder
vor ihm: Herr, hilf mir doch!

Und er redete, weil viele so reden:
daß es nicht recht sei,
den Kindern ihr Brot wegzunehmen
und es vor die Hunde zu werfen.

Ja, Herr ... sprach sie. Aber doch essen
die Hündlein von den Brosamen,
die vom Tisch ihrer Herren fallen. –

Oh Weib, dein Glaube ist groß!
Dir geschehe, wie du willst.

Und ihre Tochter gesundete
zu derselben Stunde.

Aber in der vierten Nachtwache des Sturmes kam Jesus zu ihnen und ging auf dem Meer. Und da ihn die Jünger sahn, schrieen sie: Ein Gespenst!
Da redete er mit ihnen: Seid getrost, ich bin es. Fürchtet euch nicht!
Petrus sprach: Herr, wenn du es bist, so heiße mich zu dir kommen auf dem Wasser!
Komm her! rief Jesus, und Petrus ging auf dem Wasser.
Aber ein starker Wind nahm ihm den Mut – er begann zu sinken.
Jesus ergriff ihn mit ausgestreckter Hand.
Die Kleingläubigen sinken.

Mehr als fünftausend
waren ihm in die Wüste gefolgt,
hatte er mit seinem Wort gekräftigt.

Wer wird sie speisen? Die Nacht
fällt ein. Hungert sie nicht ...?

Gebt ihnen zu essen! Gebt,
was ihr habt ...

Fünf Laib Brot? Zwei Fische?

Gebt sie mir! Lagert euch, Freunde!
Ich will euch speisen.

Und er nahm Fische und Brot,
sah auf gen Himmel, dankte
und brachs und ließ sie verteilen.

Das Wort, das Wort Gottes,
wiegt mehr als fünf Brotlaibe
und zwei Fische.

Alle wurden satt.

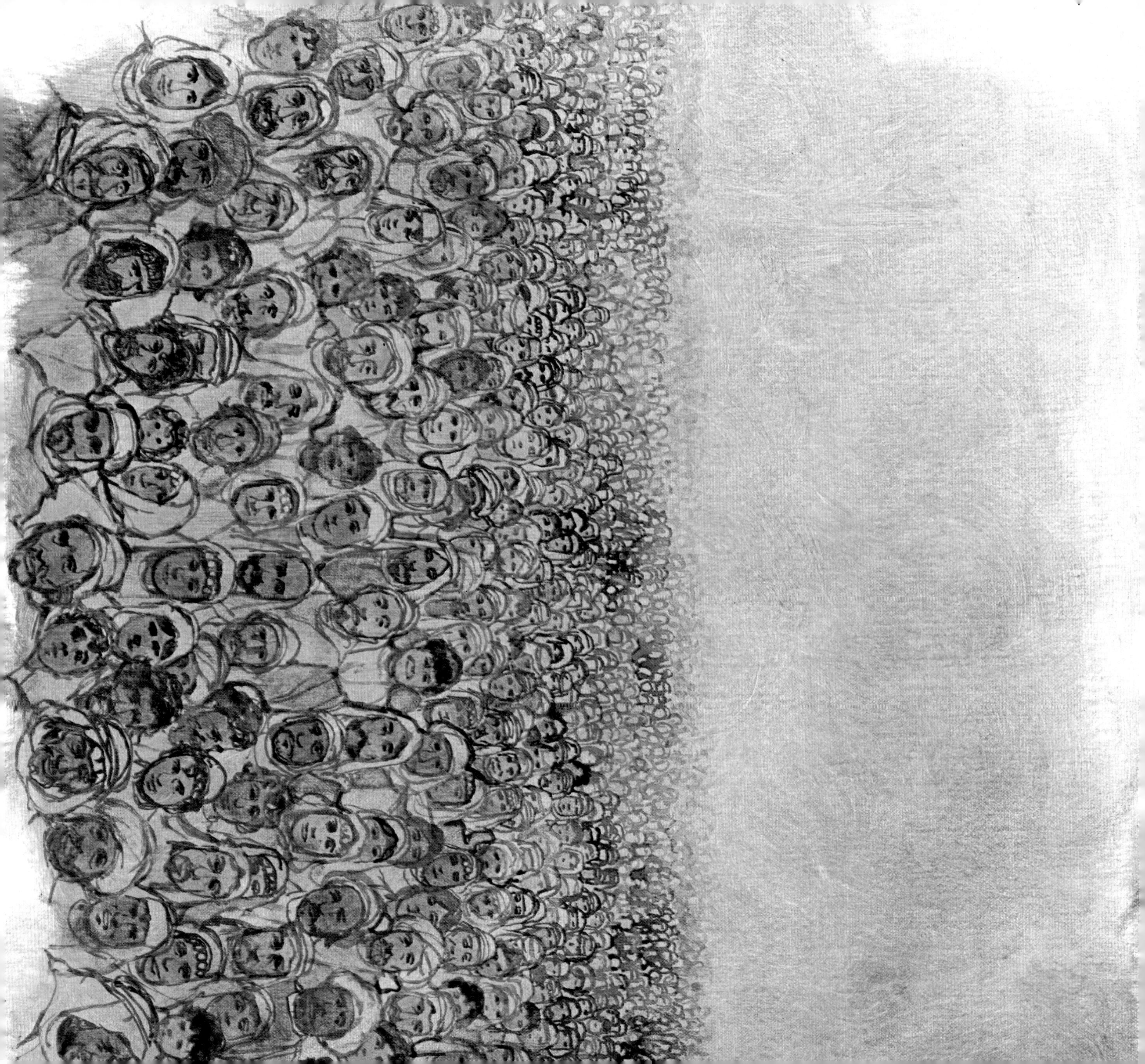

Und er kam in seine Vaterstadt
und lehrte auch dort.

Aber:
der Prophet gilt nirgends weniger
als in seinem Vaterland und seinem Haus.

Ist er nicht des Zimmermanns Sohn?
Heißt seine Mutter nicht Maria?
Und sind nicht seine Brüder – – – ?
Woher kommt ihm denn das alles?!
Was soll denn das heißen ...

Und er tat daselbst nicht viele Zeichen
– um ihres Unglaubens willen.

Da sprach einer zu ihm:
Deine Mutter und deine Brüder
stehen draußen und wollen reden mit dir.

Er aber hebt die Hand und weist auf die
Jünger: Siehe da – meine Mutter
und meine Brüder! Wer den Willen tut
meines Vaters im Himmel, der ist mir
Bruder, Schwester und Mutter.

Manchmal ist er der ganz Andere.

Pharisäer, immer und überall ...

Er geht mit seinen Jüngern durch die
schon hoch stehende Saat, und
weil sie hungert und weil sie
das junge Korn kosten möchten,
raufen sie ein paar Ähren.

Sabbat-Schändung! rufen die Pharisäer,
die ihm nachspüren.

Haben sie nicht gelesen, daß David,
als ihm im Tempel hungerte,
die Schaubrote aß?

Sie verdammen Unschuldige.

Und sie wissen nicht:
Des Menschen Sohn ist Herr
auch über den Sabbat.

Und jener, der ihn verraten wird
und dessen Namen alle kennen.

Später wird er sie aussenden,
damit sie die Völker lehren.
Seine Jünger – seine Apostel.

Sie wissen nicht, was auf sie wartet,
aber sie haben sich dem Meister verschrieben
und wollen ihm folgen, wohin er sie führt.

Es sind ihrer zwölf, und wir kennen
ihre Namen:

Simon, der Petrus genannt wird,
sein Bruder Andreas, die Brüder
Jakobus und Johannes, Söhne des Zebedäus,
Philippus, Bartholomäus, der andere Jakobus,
des Alphäus Sohn, Thaddäus und Simon Kananäus ...

— — kämen ihm nicht so viele
Hände, ausgestreckte, entgegen.

Hände, die begrüßen,
Hände, die um Hilfe bitten,
Hände, die Befreiung erflehen,
Hände, die auf ein Übel weisen,
Hände, die beten möchten,
Hände, die betteln,
Hände, die erschrecken,
Hände, die um ein geliebtes Kind klagen,
Hände, die wieder ins Leben rufen,
Hände, die ein gerettetes Leben melden,
Hände, die wiederfinden, umarmen, halten,
Hände, die Dank sagen wollen ...

wie die des Zairus und seines Weibes,
deren Töchterchen ER wieder ins Leben rief.

Mit wem geht er um ...

Mit Zöllnern, mit Nichtstuern
und Sündern ... sagen die Pharisäer.

Was für ein Meister kann das sein,
der solches tut?

Jesus hört ihre anklägerische Rede
und antwortet den Pharisäern:

Die Gesunden bedürfen des Arztes nicht,
aber um so mehr die Kranken.

Wenn er nicht recht hätte – – –

Steh auf und gehe!
So hat er gesagt. Und der Kranke
geht wieder.

Deine Sünden sind dir vergeben ...
hat er hinzugefügt.

Doppelte Heilung.

Er hat den beiden Besessenen
ihre Teufel ausgetrieben und sie
in die Schweineherde fahren lassen.

Diese Landplage sind sie los. Aber –
die besessene Schweineherde stürzte
sich ins Meer und ersoff darin.

Das mit den Besessenen war schon recht.
Aber nun sind etliche Bauern auch ihre
Schweine los. Eine kostspielige Austreibung!

Sie bitten ihn, ihre Gegend zu verlassen.

Die See kocht.

Auf den immer höher anwachsenden Wogen
tanzt das zerbrechliche Boot.

Die Jünger zagen, verzagen.

Der Meister schläft ...
Er schläft den Schlaf
des Gerechten.

Weiß er, was er sagt,
der Mann, der da sagt:
Meister, ich folge dir,
wohin du auch gehst ...?

Er wird zur Antwort erhalten:
Die Füchse haben ihre Gruben,
die Vögel des Himmels Nester,
aber des Menschen Sohn hat nicht,
wohin er sein Haupt legt.

Aber da sind manche, die nicht
haben, wohin sie ihr Haupt legen.

Und die können am ehesten sagen:
Meister, ich folge dir,
wohin du auch gehst.

Eine Frau ist krank,
die Schwiegermutter eines Jüngers,
der Petrus heißt.

Wird der Heiland heilen?

Macht des Wortes?
Wunder der Liebe?

Eine Frau ist krank.
Sie wird genesen.

Und sie folgen – erste Jünger,
Mitläufer, Neugierige, auf den Berg.
Und er predigt:
eine neue Lehre, ein neues Gesetz.

Selig sind, die da Leid tragen.
Selig sind die Sanftmütigen.
Selig sind, die da dürstet nach Gerechtigkeit.
Selig sind die Barmherzigen.
Selig sind die Friedfertigen.

Seid fröhlich und getrost ...

Ihr seid das Licht der Welt.

Ihr seid das Salz der Erde.

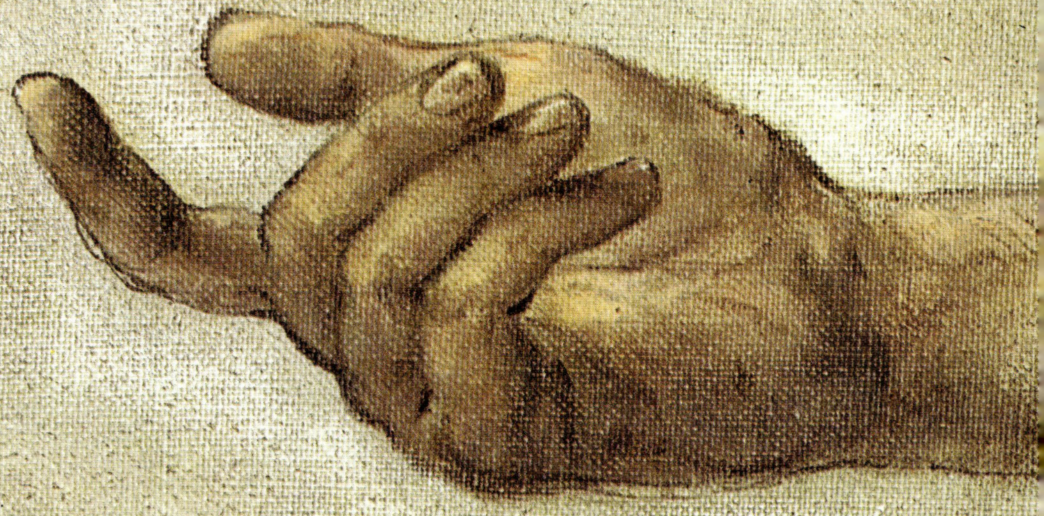

Da ist eine Hand, die ruft,
um Nachfolge wirbt.
Eine ausgestreckte, vielleicht
wegweisende Hand ...?

Netze auswerfen.
Netze flicken.

Jeder hat sein Tun,
sein Handwerk, sein
Tagewerk, seinen
Lebenskreis.

Der eine arbeitet.
Der andere träumt.
Einer zählt seinen Gewinn,
der andere hofft auf ihn.

Wo liegt der Sinn dieses Lebens ...
Was könnte man Anderes,
Besseres tun ...?

Fastenzeit.
Wüstenzeit.

Ein Mann geht in sich,
ehe er hervortritt,
hervortritt,
vor die Welt tritt.

Fasten heißt: Hunger haben –
nach Wahrheit,
Gerechtigkeit,
nach Frieden
und – Zufriedenheit.

Die Welt hungert.
Sie hungert nach ihm.

Er hungert
um sie.

Wüsten-Zeit.

Fastenzeit.

Berufung.

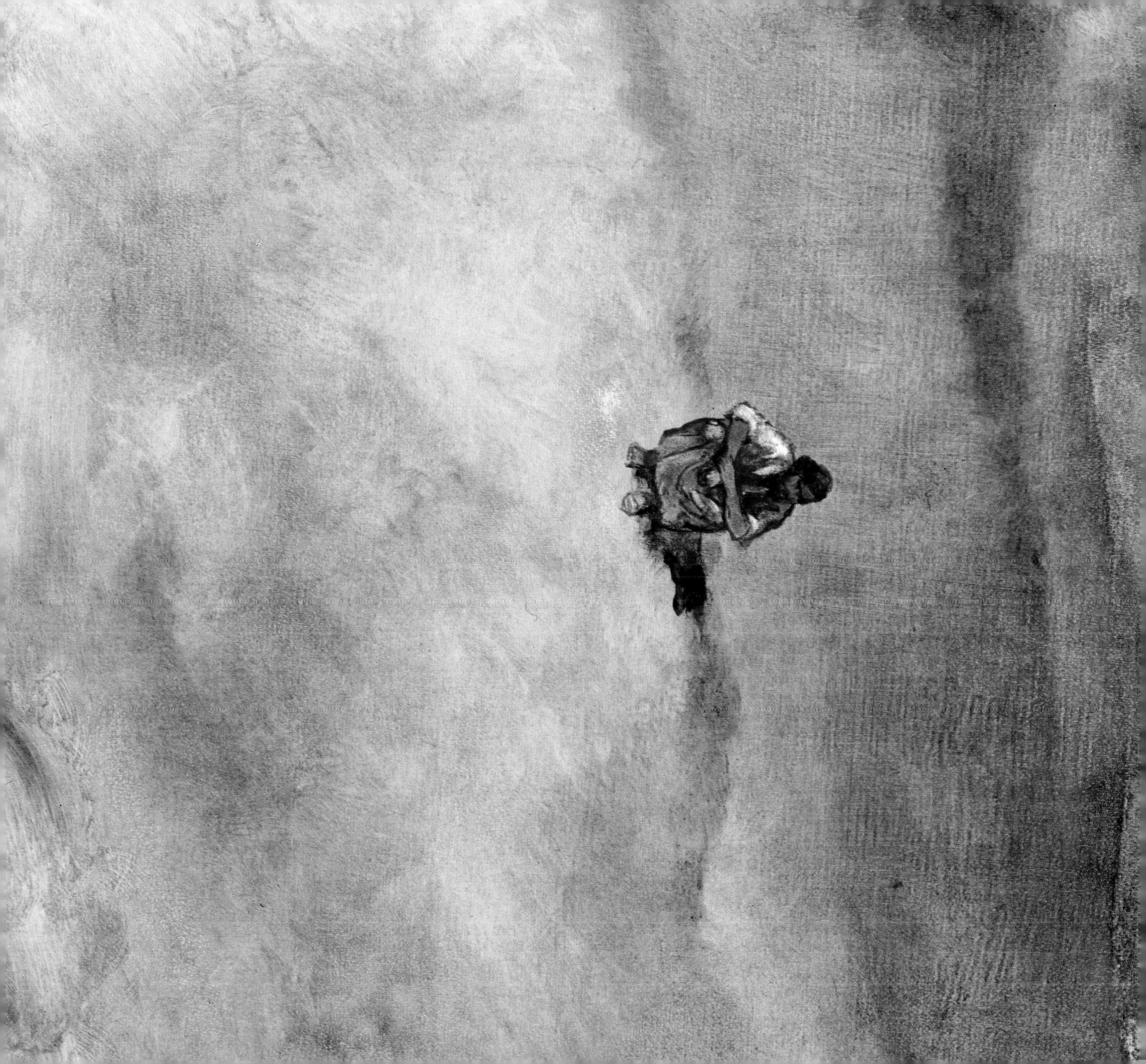

Salome tanzt
um das Haupt des Täufers.

Wer seinen Leib sparen will,
muß zuweilen mit seinem
Haupt zahlen.

Johannes, der Täufer, der spät geborene
Sohn der Elisabeth, des Zacharias ...
Vorläufer, Wegbereiter dessen,
der da kommen wird ...

Tut Buße! Bekehret euch!
Der Heiland ist nahe!

Die Wasser des Jordan
waschen euch sündenfrei.

Wer heiligt, wer heilt
hier den Heiland?

Erster theologischer
Disput??

Kind, warum hast du
uns dies getan?!

Der Zwölfjährige im Tempel.
Das erste Mal in Jerusalem.
Festtage. Bewegte Tage.
Opfer, Gebete, Gesänge, Gespräche.
Und immer wieder: der Tempel.
Drei Tage Freiheit, spüren und fragen,
hören, nachdenken, fragen und – sagen.

Kind, warum hast du ...?

Wußtet ihr nicht ...?
Jesus im Tempel, im Hause
des Vaters.

Jesus, der Sohn des
Zimmermanns Josef,
wächst heran,
spielt, lernt,
versucht sich,
macht Pläne ...

Eine Jugend wie jede
Jugend.

Als Büblein klein
an der Mutter Brust.

Dann Vaters Schoß
und Vaters Arm.

Auf eigenem Fuß,
mit eigener Hand.
Gefährte Tier,
Gefährte Mensch.

Gott schuf den Menschen
nach seinem Bilde.

Jedes Kind
Jesuskind?

Jesus –
wie jedes Kind!
Lachen und weinen.
Essen und trinken.
Schlafen und wachen.
Träumen und Spielen.
Krankheit.
Genesung.

Jesuskind – wie jedes Kind.

Drei fanden den Weg,
den das Licht ihnen wies,
den Weg zu einem König
ohne Land, ohne Krone,
ohne Schwert,
einen verfolgten,
einen flüchtigen König ...

Ein Traum wies nach Ägypten.
Gold, Weihrauch und Myrrhe.
Und Tränen des Abschieds.

Ein Heiland muß emigrieren.

Die beiden Alten, die den kleinen Heiland
erkennen, der da zum ersten Mal
im Tempel dargebracht wird:

Anna und Simeon, mit fast erblindeten
Augen sehn sie das entzündete Licht der Welt,
das für Israel und die Völker der Erde
aufging. Sie loben Gott und preisen
sich selig.

Ein Mann, ein Weib, ein
Neugeborenes – alltäglich-
allnächtliches Wunder ...
Kommet, ihr Hirten ...

Das mag wohl sein, daß solchen Frauen,
für die die Welt kein weiches Bette hat,
ein Singen kommt von himmelsfernen Auen,
daß Hirten knien vor solcher Lagerstatt
und dort das Licht der Welt erschauen ...
Und solche Mütter hat wohl jede Stadt,
auch wenn sie nicht die Welt erschüttern
wie einst Marie,
die ärmste, reichste unter allen Müttern.

Was hören sie?

Kaum glaubliche Botschaft!

Ehre sei Gott in der Höhe
und Friede den Menschen,
die guten Willens sind!

Friede auf Erden ...

Friede ...

Zu Gast bei Ochs und Esel,
draußen, im Stall.

Geburt des Kindes.
Geburt des Messias.
Geburt eines neuen Zeitalters.

Die Nacht der Nächte ...

Und dann noch dies: Kein Raum
in der Herberge.

Der Wirt bedauert. Gesten unterstreichen
sein Bedauern. Sprechende Hände.

Und was sagen seine Augen?

Sie haben wohl gesehen, was da –
vielleicht bald schon – zu erwarten steht.

Nur keine Scherereien!

Vielleicht anderswo ...

Aufbruch zur Volkszählung – nach Bethlehem. Schätzungsweise zwei Tagesreisen.

Josef führt den Esel, der die schwangere Maria trägt. Anders könnte sie gar nicht – –

Trotzdem ...

Elisabeth!

– Maria!

Du auch ...?!

Du – – auch?

Also – – wir beide ...?

Wir *beide* ... Wer hätte dies für möglich gehalten ...

Meines regt sich schon! –

Großer Gott! Meines – auch.

Laßt euch umarmen! –

– Laßt euch umarmen ...

Josef, der Zimmermann, liebt
seine Maria.

Er muß nicht wissen ...

Ein Mann liebt ein Mädchen
und die Frucht ihres Leibes:
Jesus.

Maria ...
Rein, ein Mädchen vom Lande ...
Sie soll der heillosen Welt den
Heiland gebären? Wie soll das
geschehen?

Der Engel hat ihr die Botschaft verkündet:
Gegrüßet seist du, Maria,
du bist voller Gnade.
Der Herr ist mit dir. Du bist
gebenedeit unter den Weibern,
und gebenedeit ist die Frucht
deines Leibes.

Und sie hat geantwortet:
Siehe, ich bin eine Magd des Herrn.
Mir geschehe nach deinem Worte.

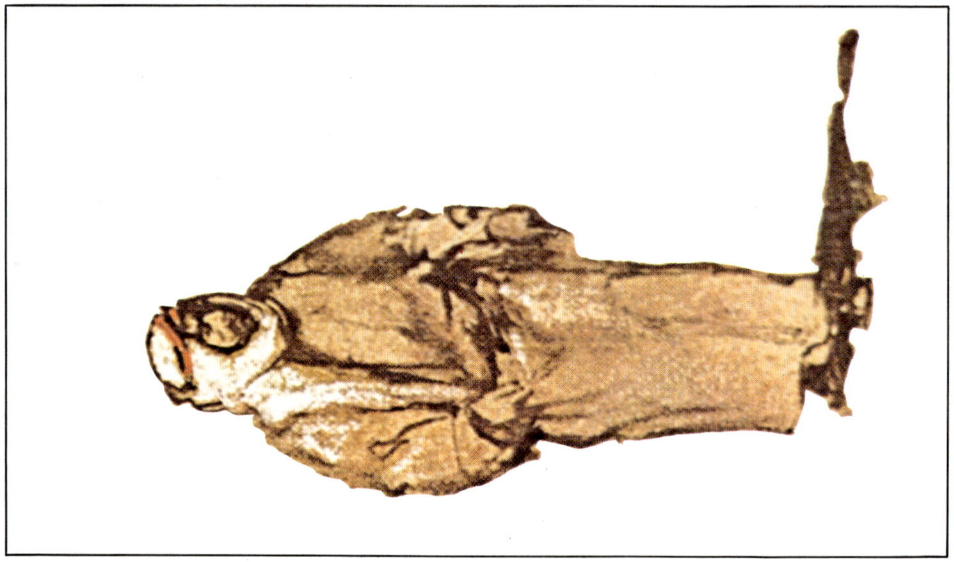

Die Geschichte »dichtet« an allen ihren interessanten und entscheidenden Gestalten weiter, nicht zuletzt wohl an jenen Gestalten, deren Persönlichkeit und Sendung ohnedies vom Zauber des Magischen und Geheimnisvollen umgeben und getragen sind. Wenn eine Gestalt wie Jesus Christus im Laufe von nun bald zwei Jahrtausenden – sowohl in seiner Rolle als Religionsstifter wie in der als historische Person – verhältnismäßig konstant geblieben ist, so dürfte dies vor allem darauf zurückzuführen sein, daß die Institution der beiden christlichen Kirchen (und vermutlich auch der meisten Sekten) vor allem und zunächst auf Verbindlichkeit, auf Bindung (religio – die Bindung) aus ist. Der Definition und des Definitiven geschieht von dieser Seite her also eher zu viel als zu wenig. Welchen Proteststurm löste der Reformismus Martin Luthers aus, der doch die Gestalt Jesu kaum antastete! Und wie beharrlich vermeidet man eine Revision des Jesus-Bildes, wie sie nach Auffindung der Schriftrollen von Qumram (1947) möglich oder vielleicht gar geboten gewesen wäre ... Muß man diesen einmal als »Sohn Gottes«, zum anderen prononciert als »Menschensohn« bezeichneten Jesus von Nazareth aus der Reihe der überlieferten Helden und Protagonisten vielleicht ausnehmen?

Gebührt ihm möglicherweise eine Sonderstellung, die ihn mit keinem der alten Volksführer vergleichbar macht?

Man darf diese Frage wohl bejahen, wenn auch in einem unerwarteten Sinn. Denn das, was Jesus nun augenfällig von jenen Protagonisten der Geschichte unterscheidet und trennt, ist gerade – und irgendwie wider Erwarten – dasjenige, was er mit jedem von uns gemein hat und was der Titel dieses Buches ausdrücken will: »Er war einer von uns«.

Auf den ersten Anschein hin könnte die Formel vielleicht als eine banale Anbiederung mißverstanden werden. Abgesehen von seiner »Gotteskindschaft«, aber schon mit diesem Wort, bei dem uns ein grundsätzlicher Wesensunterschied aufscheinen möchte, wird dieser »eingeschmolzen« im Liebesfeuer der weltumfassenden Gotteskindschaft, in die wir *alle* uns nach christlicher Auffassung teilen. Selbst wenn er uns als Gottes Sohn gelten will, ist er in einem alle Grenzen und Begriffe überspielenden Sinn »einer von uns«, sind *wir* mit ihm verwandt, eines Stammes, einer Sippe, einer Art. Selbst wenn wir uns, gewissermaßen theologisch, respektvoll von ihm distanzieren wollten, – er ließe es nicht zu.

Oder vielmehr: er läßt es nicht zu.

Auch sein extremes Schicksal – um gleich den sich nun vielleicht aufdrängenden Widerspruch anzugehen – trennt uns nicht von ihm, trennt ihn nicht von uns. Die Älteren der noch lebenden Kriegsgenerationen haben es zweimal erlebt, wie Hunderttausende, ja Millionen ihr Leben hingaben, hingeben mußten, opfern für einen »Glauben«, eine Überzeugung, die nur selten den Rang einer vaterländischen, das heißt allgemeinen Konvention übertraf. *Er* starb für *seinen* Glauben, *sein* Ideal. Er starb *seinen* Tod.

Er war einer von uns.

Er wuchs auf als Kind einer Handwerker-Familie, vermutlich als eines von etlichen Kindern, auch wenn davon nicht ausdrücklich die Rede ist. Weder Reichtum noch herausgehobene soziale oder politische Stellung lehren ihn, was man Standesbewußtsein nennt, oder ein besonderes Vokabular. Wenn er später in Gleichnissen seine Lehre verdeutlichen wird, wird seine Rede zwar nicht ohne poetische Kraft und Präzision sein, aber die Bilder, die er wählt, sind Bilder des Alltags: der Fischer, des Landmannes, der Familie. Jeder von uns versteht ihn. Und wenn die Pharisäer, welche – wie die Saduzäer und die Essener (zu denen Jesus gezählt werden müßte) – eine religiöse, aber keine soziale Schichtung verkörpern, den Umgang Jesu kritisieren, so weil er den Umgang mit den einfachen, ja auch mit den diskriminierten Menschen pflegt. Er ist ja einer von ihnen, einer von uns.

Ob er mit oder von den Kindern spricht, – sein Empfinden überzeugt und überwältigt, weil es *unser* Empfinden ist. Und ob er nun mit dem reichen Jüngling kritisch spricht oder ob er die Ehebrecherin gegen geheuchelten Volkszorn teilnehmend in Schutz nimmt, ob er der armen Witwe den Rang ihres Opfers sichert oder dem Zöllner Zachäus die große Stunde einer freigebigen Selbstentdeckung schenkt, – immer ist er der »Volksseele« auf der Spur.

Manchmal befremdet er durch gewisse Antworten und Reaktionen, die den Takt vermissen lassen, den er seiner Mutter oder seinen Geschwistern schuldet. Aber gerade dann bekennt er sich ausdrücklich als einer, der zu *uns* gehört, der uns nicht wegen eingespielter familiärer Konventionen im Stich läßt. Manchmal ist er bewußt und betont ganz der Andere, um einer von *uns* zu bleiben, die zu erlösen er auszog. (Wer den Willen tut meines Vaters im Himmel, *der* ist mir Bruder, Schwester und Mutter ... sagt er und läßt die leiblichen Verwandten, die ihn sprechen wollen, draußen warten.)

Einer, der die Menschheit nicht durch Feuer und Schwert, sondern durch Güte und Liebe erobern will, muß ihr brüderlich kommen, muß eins mit uns, muß »einer von uns« sein.

Rudolf Hagelstange

DIE ORIGINALAUSGABE DIESES BUCHES ERSCHIEN
UNTER DEM TITEL »HIJ WAS EEN VAN ONS«
BEI DEM VERLAG UNIEBOEK BV, BUSSUM, NIEDERLANDE

DEUTSCHE AUSGABE

GESAMTHERSTELLUNG: GERHARD STALLING AG, OLDENBURG
ISBN 3-7979-1953-0
PRINTED IN GERMANY

RIEN POORTVLIET
RUDOLF HAGELSTANGE

ER WAR EINER VON UNS

DAS LEBEN DES JESUS VON NAZARETH

STALLING